Einsterns Schwester

3

Themenheft 2
Richtig schreiben

Herausgegeben von
Roland Bauer, Jutta Maurach

Erarbeitet von
Wiebke Gerstenmaier, Sonja Grimm

Cornelsen

Inhaltsverzeichnis

So kannst du mit den Heften arbeiten

Du machst alle
Seiten der Lernportion 1.

Zuerst im grünen Heft.	Dann im roten Heft.	Dann im gelben Heft.	Und dann im blauen Heft.

Danach machst du in
allen Heften die Lernportion 2.

Nun machst du in
allen Heften die Lernportion 3.

Genauso bearbeitest du
alle anderen Lernportionen.

1 Wörter in Silben zerlegen

1 Sprich die Wörter deutlich in Silben. Schwinge dazu.

Start | Wolken | Luft | Flughafen | Pilot

Scheinwerfer | Flügel | Schalter | Radarschirm | Bodenpersonal

Wörter bestehen aus Silben. Jede Silbe hat einen Silbenkern: der Start, der Pilot

2 Schreibe die Wörter aus **1** mit Silbenbögen in dein Heft. Markiere die Silbenkerne.

Heft 2, S. 5 ②
der Start, die Wolken, ...

3 Setze die Silben zu Wörtern zusammen. Schreibe die sechs Wörter mit Silbenbögen auf.

Ab päck ber der Tank För ge gen hal Hub
ke le laubs flug schrau Ur band wa Wol

Heft 2, S. 5 ③
die Abflughalle, ...

4

der Boden
erlauben
Europa
fliegen
reisen
der Schalter

→ AH Seite 8

1 Mit Silben richtig abschreiben

So schreibe ich richtig ab:
- Ich spreche ein Wort oder mehrere Wörter in Silben.
- Ich merke mir schwierige Stellen.
- Ich schreibe die Wörter auswendig auf und spreche dabei in Silben.
- Ich zeichne die Silbenbögen darunter und prüfe das Wort.

STOPP

1 Schreibe die Wörter der Einkaufsliste mit Silbenbögen in dein Heft. Achte auf schwierige Stellen.

Heft 2, S. 6 ①
fünf✓Sesambrötchen✓
…

★fünf Sesambrötchen ★Margarine ★Honigkuchen
★eine Tüte Äpfel ★sieben Bananen
★ein Päckchen Milchreis ★zwei Flaschen Vollmilch

STOPP

2 Schreibe den Text als Schleichdiktat.
Zeichne zur Kontrolle die Silbenbögen ein.

Heute koche ich Milchreis. |
Dazu stelle ich | einen Topf mit Milch |
auf den Herd | und schalte ihn an. | Ich gebe |
zwei Löffel Zucker dazu. | Wenn die Milch kocht, |
schütte ich | eine Tasse Reis hinein. |
Damit nichts anbrennt, | rühre ich gut um.

Heft 2, S. 6 ②
Heute✓koche✓ich✓…

brennen	der Löffel
herstellen	die Tasse
kochen	der Teller

1 Mit Silbenbögen kontrollieren

1 Lies den Zauberspruch. Schreibe die Nomen mit Artikel und Silbenbögen auf.

Heft 2, S. 7 ①
die Entenfedern ✓, …

Zauberspruch

Nimm Entenfedern, Löwenzahn
und einen Löffel Lebertran.
Sprich: „Hunke-munke-mops" dabei
und mische einen dicken Brei.
Schmier dir die Nasenspitze ein,
und stell dich in den Mondenschein.
Und schwebst du nun nicht in die Nacht,
dann hast du etwas falsch gemacht!

Max Kruse

Wenn du etwas in Silben liest und dabei läufst, kannst du es leichter auswendig lernen.

2 Reime die Zaubersprüche weiter.

Lirum Larum Besenstiel …

Räubersäbel, Hasenzahn, Majoran und Parmesan …

3 Lerne die Liste auswendig. Decke sie ab und schreibe sie aus dem Gedächtnis auf. Kontrolliere mit Silbenbögen.

Heft 2, S. 7 ③
acht ✓Oktopusschwänze ✓, …

acht Oktopusschwänze
sieben Warzenkröteneier
zwei Tüten rosa Oleanderblüten
fünf Krokodilstränen
eine Tube Schleimpasta
drei Dosen Knochenpulver
Baldrian

Silbenkerne einsetzen

1

Jede Silbe hat einen **Silbenkern**.
Meistens ist es ein **Selbstlaut** (a, e, i, o, u): der Ball, die Nase.
Manchmal ist es ein **Umlaut** (ä, ö, ü): der Bär, die Möwe.
Manchmal ist es ein **Zwielaut** (ei, eu, au, äu): das Haus, die Leute.

2 Schreibe die Nomen mit Artikel auf. Zeichne die Silbenbögen ein und markiere die Silbenkerne.

a) ★ R★k★t★ ★ Pl★n★t ★ S★nn★ ★
★ T★l★sk★p ★ M★rsm★nnch★n ★

b) ★ Rmschff ★ Strnbld ★ Mnd ★
★ Mlchstrß ★ Wltll ★ nvrsm ★

Heft 2, S. 8 ②
a) die Rakete, …
b) das Raumschiff, …

3 Viele Wörter haben die Endungen **-er**, **-el** oder **-en**. Schreibe die Wörter mit Silbenbögen auf. Markiere die Silbenkerne.

Heft 2, S. 8 ③
das Rätsel, …

Räts★ Himm★ Gewitt★ bleib★ Flüg★
flieg★ fang★ Vog★ darüb★
West★ Ost★ Wett★ fall★ Neb★

besser
gegen
offen
über
unter
wieder

1 Wörter schriftlich trennen

1 Manchmal muss ich ein Wort **am Ende einer Zeile** trennen, wenn es nicht mehr hinpasst: Kin-der.
Ich trenne so, wie ich das Wort beim langsamen **Sprechen** in Silben **zerlege.**

2 Sprich die Namen der Kinder in Silben.
Schreibe alle Namen mit Trennstrichen auf.

Heft 2, S. 9 ②
Ar-tur, Ben, …

Artur, Ben,
Esra, Felix,
Jan, Janosch,
Marie, Marlene,
Max, Melina, Michel, Moritz,
Nina, Özgür, Ramona, Ronja, Teresa, Tobias, Tom, Verena

Einsilbige Wörter kannst du nicht trennen.

3 Knicke eine Heftseite der Länge nach in der Mitte.
Schreibe nur auf der linken Hälfte.
Trenne die Wörter richtig am Zeilenende.

Heft 2, S. 9 ③
das Hausauf-
gabenheft, …

Hausaufgabenheft | Wandertag | Elternsprechtag | Schulbeginn | Schülerbücherei | Frühstückspausenbrot

4 Suche dir ein Partnerkind.

a) Schwingt die Wörter und sprecht dabei.

Kuchen | Tasche | suchen | Flaschen | lachen

Heft 2, S. 9 ④
b) der Ku-chen, …

b) Trennt die Wörter schriftlich. Kontrolliert mit dem Wörterbuch.

c) Vergleicht Schwingen und Schreiben.

1 Trennungsregeln kennenlernen

1 Schreibe die Wörter mit Trennstrichen auf.
Finde Reimwörter dazu.
Sieh im Wörterbuch nach, wenn du unsicher bist, wie du die Wörter trennen kannst.

Heft 2, S. 10 ①
a) sin-gen, brin-gen, …
b) …

a) singen ★ br★★★★★ ★ gel★★★★★

b) winken ★ st★★★★★ ★ bl★★★★★ ★ tr★★★★★

c) lenken ★ sch★★★★★ ★ d★★★★★

2 Trenne diese Wörter.

Butter | Messer | Kanne | Teller | Spaghetti | Brille

a) Sprich deutlich in Silben.
Mache die doppelten Mitlaute hörbar.
Schreibe die Wörter mit Silbenbögen auf.

Heft 2, S. 10 ② a)
die Butter, …

b) Schlage die Trennung der Wörter im Wörterbuch nach. Vergleiche.
Schreibe dann einen Merksatz auf.

Heft 2, S. 10 ② b)
Merke: Wörter mit doppeltem Mitlaut …

3 Lies Lolas Tipp.
Schreibe die Namen mit Trennstrichen auf.
Achte darauf, ob du trennen darfst.

Heft 2, S. 10 ③
Alex, …

Alex | Eva | Erkan | Finja | Hanna | Ida | Jakob | Lea | Lena | Malte | Niklas | Oli | Pia

1 Über das eigene Lernen nachdenken

Ergänze deine erste Lernraupe.

… Wörter in Silben zerlegen.

… mit Silben richtig abschreiben.

… mit Silbenbögen kontrollieren.

… Silbenkerne einsetzen.

… Wörter schriftlich trennen.

… Trennungsregeln anwenden.

Ich fand gut, dass …

Mir hat nicht so gut gefallen, dass …

2 Nomen mit ä und äu ableiten ↯

1 Ich schreibe ein Wort mit ä oder äu, wenn ich es von einem verwandten Wort mit a oder au **ableiten** kann.

das Äffchen ↯ der Affe

die Fäuste ↯ die Faust

2 Finde ein verwandtes Wort. Leite ab.

Heft 2, S. 12 ②
die Hände ↯ die Hand
...

3 Finde verwandte Wörter. Leite ab.

a) Ergänze und schreibe ins Heft.

Klein ist:	Groß ist:
das Gärtchen	der
das Täschchen	
	der Wald
	das Lamm
	die Taube

Heft 2, S. 12 ③ a), b)
das Gärtchen ↯ der Garten
...

↯ die Ärzte
die Gärten
die Pässe
die Städte
die Träume
die Wälder

b) Finde mindestens vier eigene Beispiele.

→ AH Seite 16

2 Verben mit ä und äu ableiten

1 Finde das verwandte Verb.
Schreibe das Wortpaar ins Heft. Markiere **ä** und **äu**.

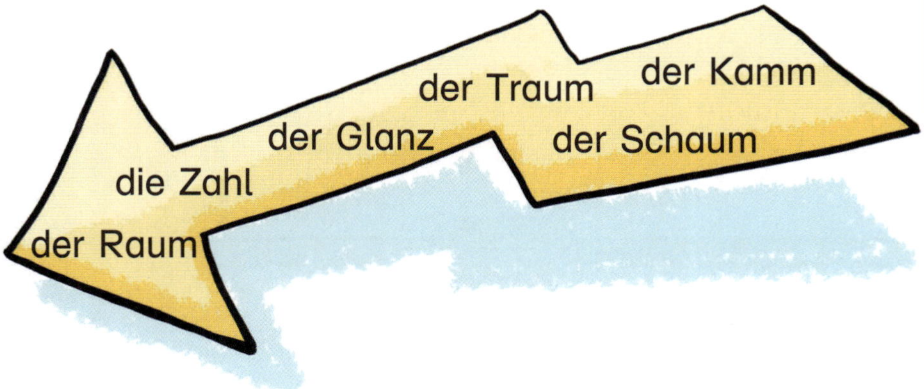

Heft 2, S. 13 ①
aufräumen ⚡ der Raum
…

2 Ergänze die Verben aus **1** in der passenden Form.
Schreibe die Sätze auf.

Opa ▢ Max gerne von früher.

Maike ▢ jeden Morgen ihre langen Haare.

Tom hat heute freiwillig sein Zimmer ▢.

Viele Menschen ▢ von einer Weltreise.

Das Spülmittel ▢ beim Geschirrspülen.

Der geputzte Sportwagen ▢ in der Sonne.

Heft 2, S. 13 ②
Opa erzählt Max gerne …

3

⚡ aufräumen
erklären
erzählen
glänzen
lächeln
wählen

2 Nomen mit b, d und g verlängern

1 Manchmal kann ich nicht hören, ob ich ein Wort mit **b oder p, d oder t, g oder k** schreiben muss.
Dann verlängere ich das Wort durch Weiterschwingen.
Bei Nomen suche ich die Mehrzahl.

die Bur_? (g oder k?) Beweis: die Burgen Lösung: die Burg

Bei Adjektiven setze ich ein Nomen dahinter.

wil_? (d oder t?) Beweis: das wilde Tier Lösung: wild

Bei Verben suche ich die Grundform.

sie lie_t? (b oder p?) Beweis: lieben Lösung: sie liebt

2 Bilde die Mehrzahl der Nomen. Schreibe Einzahl und Mehrzahl in dein Heft. Markiere die Nachdenkstelle und zeichne bei den Mehrzahlwörtern die Silbenbögen ein.

Heft 2, S. 14 ②, ③
das Sieb ↝ die Siebe
...

3 Schreibe mindestens drei eigene Beispiele auf.

Adjektive und Verben mit b, d und g verlängern

1 Setze **b** oder **p**, **d** oder **t** oder **g** oder **k** ein.

a) Schreibe ab. b) Finde weitere Beispiele.

Das Kind ist kran✶. – das ▢ Kind

Der Ball ist run✶. – der ▢ Ball

Der Drachen ist bun✶. – der ▢ Drachen

Die Blume ist gel✶. – die ▢ Blume

Der Professor ist klu✶. – der ▢ Professor

Heft 2, S. 15 ① a), b)
Das Kind ist krank. ↪
das kranke Kind ...
...

2 In jedem Quartett fehlt eine Karte.
Schreibe die Quartette auf. Ergänze die Grundform.

Heft 2, S. 15 ②
du liegst – er liegt – ...

3

↪ er biegt
er bleibt
er erlebt
klug
rund
er schiebt

2 Wörter mit doppeltem Mitlaut verlängern

↪

1 Manchmal kann ich einen **doppelten Mitlaut** schlecht hören.
Dann hilft das **Weiterschwingen.** So kann ich den doppelten Mitlaut in zwei Silben hören.

Nomen:	Adjektiv:	Verb:
Stamm ↪ die Stäm me	dünn ↪ ein dün ner Mann	kommt ↪ kom men

2 Verlängere durch Weiterschwingen.
Kennzeichne den kurzen Selbstlaut.

krumm | trifft | rennt
Kamm | Schritt | glatt | voll
Kuss | schnappt | kläfft

Heft 2, S. 16 ②
krumm ↪ eine krumme Banane
...

Vor einem doppelten Mitlaut steht immer ein kurz gesprochener Selbstlaut.

3 Verlängere durch Weiterschwingen.
Schreibe auf, wie du verlängert hast.

Heft 2, S. 16 ③
Schwimmunterricht ↪ schwimmen
...

Im Schwi✶unterricht hat Niko nicht viel gelernt. Er hat sich am Bre✶ festgehalten und weit weg gewünscht. Der Anfang war du✶ gelaufen. In der ersten Stunde ist Niko durch das Hallenbad gera✶t, ausgerutscht und mit dem Knie auf die Fliesen gepra✶t. Er durfte dann nicht mit ins Wasser und hat so den Anschlu✶ verpa✶t. Aber jetzt ka✶ er es. In den letzten Ferien war die Familie am Meer. Und da ist Niko einfach ins Wasser gesprungen und losgeschwommen. Dieses Gefühl war to✶.

↪ es beginnt
das Brett
dünn
glatt
der Kamm
sie kennt

2 Verben mit ng und nk verlängern

1 Würfle und rücke mit deiner Spielfigur in Pfeilrichtung entsprechend deiner Augenzahl vor. Bilde durch Verlängern die Grundform. Mache **ng** oder **nk** hörbar.

Bei manchen Verbformen kannst du **ng** oder **nk** nicht deutlich hören. Bilde dann die Grundform:
sie sprin★t – springen
er den★t – denken

es kli★t	es drä★t	er sche★t	es si★t
es wa★t	er bli★t	es hä★t	er de★t
er spri★t	er fä★t	ZIEL	es schwa★t
sie hi★t	sie da★t	er si★t	sie tri★t
sie le★t	es sti★t	sie za★t	START

2 Bilde mit Hilfe der Verben aus **1** Reimwortketten in der Grundform.

Heft 2, S. 17 ②
danken – schwanken – …
…

3 Suche mit einem Partnerkind in der Wörterliste Wörter, bei denen ihr deutlich **ng** oder **nk** hören könnt.

Heft 2, S. 17 ③
anfangen, …
…

2 Über das eigene Lernen nachdenken

Ergänze deine Lernraupe.

… Nomen mit ä und äu ableiten.

… Verben mit ä und äu ableiten.

… Nomen mit b, d und g verlängern.

… Adjektive und Verben mit b, d und g verlängern.

… Wörter mit doppeltem Mitlaut verlängern.

… Verben mit ng und nk verlängern.

Um konzentriert arbeiten zu können, brauche ich …

Es hilft mir auch, mich auf die Arbeit zu konzentrieren, wenn …

3 Wörter mit sch, sp und st schreiben

1 Lies die Wörter. In diesen Wörtern folgen viele Mitlaute aufeinander.

a) Mache die Mitlaute hörbar, indem du die Wörter deutlich sprichst.

schweigen | Schwester | Matsch | Schranke

schwer | schlau | schnell

rutschen | Schwein | klatschen | Zwetschge

schwarz | waschen | deutsch

b) Ordne die Wörter nach Nomen, Verben und Adjektiven. Schreibe sie mit Silbenbögen auf.

Heft 2, S. 19 ① b)
Nomen: die Schwester, ✓ …
Verben: schweigen, ✓ …
Adjektive: …

c) Schreibe drei Verben in den Personalformen ich …, du …, er … auf.

Heft 2, S. 19 ① c)
ich schweige – du … ✓

2 Ergänze **Sp**, **sp**, **St** oder **st**.

a) Sprich die Wörter langsam und deutlich.

✶ort ✶enden ✶aren ✶ielen ✶reiten

✶ehlen Ge✶ank ✶ucken ✶aziergang

✶inne ✶inat ✶agetti ✶argel ✶urm

b) Ordne die Wörter.

☺ Ich mag: ☹ Ich mag nicht:

Heft 2, S. 19 ② b)
Ich mag: Sport, …
Ich mag nicht: …

3

beschweren
schneiden
schweigen
schwimmen
sparen
streiten

→ AH Seite 24

3 Wörter mit qu bilden

M

1 Schreibe die Wörter mit Silbenbögen in dein Heft. Die Bilder helfen dir.

Heft 2, S. 20 ①
die Quelle, ...

2 Lies die Wörter und sortiere nach Verben und Adjektiven.

Heft 2, S. 20 ②
Adjektive: quadratisch ...

Verben: ...

3 Schreibe Unsinnssätze mit **Qu**- und **qu**-Wörtern.

Heft 2, S. 20 ③
...

M bequem	das Quartett
quälen	die Quelle
der Qualm	quer

3 Sich Wörter mit langem i merken

M

1

Wörter mit lang gesprochenem i schreibt man fast immer mit **ie.**
Nur wenige Wörter mit langem i schreibe ich mit **ih.**
Diese kommen aber sehr oft vor:
ihm, ihr, ihn, ihre.

2 Schreibe mindestens zehn Wörter mit **ie** auf.
Du kannst auch in der Wörterliste nachschlagen.

STOPP

Heft 2, S. 21 ②
die Biene, ✓ das Sieb, ✓ ...

3 Schreibe den Text ab und setze die Wörter richtig ein.

STOPP

Heft 2, S. 21 ③
Mein Hund heißt Bello. ✓
Ich habe ihn sehr lieb. ✓
Ich ...

ihrer ihm ihn ihm

ihrem ihn ihre

Mein Hund heißt Bello. | Ich habe ___ sehr lieb. |
Ich füttere ___ | und spiele mit ___. |
Nach der Schule | gehe ich mit ___ spazieren. |
Meine Freundin hat | drei junge Katzen. |
___ Namen sind Minka, | Tinka und Katerle. |
Sie liegen gerne | in ___ Körbchen |
und kuscheln | mit ___ Mutter.

3 Wörter mit v-Lauten unterscheiden

M

1 V wird unterschiedlich gesprochen:
v wie **f**, z. B. viel, bevor **v** wie **w**, z. B. Klavier, Veranda.
V-Wörter musst du dir merken.

2 Ersetze die Bilder durch die passenden Wörter.
Lies die **V**-Wörter einem Partnerkind vor.

viele Kugeln

eine violette

eine versteckte

eine verrostete

eine vollgekleckerte

ein verstimmtes

ein verwaschener

Heft 2, S. 22 ②
viele Kugeln Vanilleeis ✓, …

Vase | Vanilleeis | Serviette | Viper | Pullover | Lokomotive | Klavier

3 Schreibe die Wörter in dein Heft.
blau = Wörter, bei denen das v wie f gesprochen wird
grün = Wörter, bei denen das v wie w gesprochen wird

Heft 2, S. 22 ③
völlig, die Villa …

M bevor
brav
die Kurve
die Vase
der Verein
voll

3 Wörter mit x-Lauten unterscheiden

M

1

Der x-Laut kann auf verschiedene Weise geschrieben werden:
als **x**: Axt, Nixe — als **chs**: wechseln, Fuchs
als **cks**: Klecks — als **ks**: Keks.
Die Wörter mit x-Laut musst du dir merken.

2 Lies den Text und löse die Aufgaben.

Heft 2, S. 23 ②
a) der Lachs, ...
b) ...

Hexenküche

Hexe Mira mixt einen neuen Zaubertrank. Für dieses Experiment braucht sie einige exotische Zutaten: exakt siebenundzwanzig Gräten vom Lachs, sechs Schuppen einer Eidechse, drei Haare vom Dachs, einen Milchzahn vom Fuchs, einen Eimer Bienenwachs und drei Becher Ochsenblut. Ihr Kater kommt mucksmäuschenstill in die Küche geschlichen, schnuppert und läuft schnurstracks wieder hinaus. Obwohl Mira auf dem Gebiet der Mixturen als Expertin gilt, schaut sie lieber noch einmal in ihrem Zauberlexikon nach, damit der Trank nicht explodiert.

a) Schreibe alle vier Tiere mit **chs** auf.

b) Schreibe das Zahlwort mit **chs** auf.

c) Schreibe mindestens acht Wörter mit **x** auf.

d) Finde im Text ein anderes Wort für **genau**.

e) Finde im Text ein anderes Wort für **ganz leise**.

f) Finde ein weiteres Wort mit **cks**.

g) Schreibe das Gegenteil von **rechts** auf.

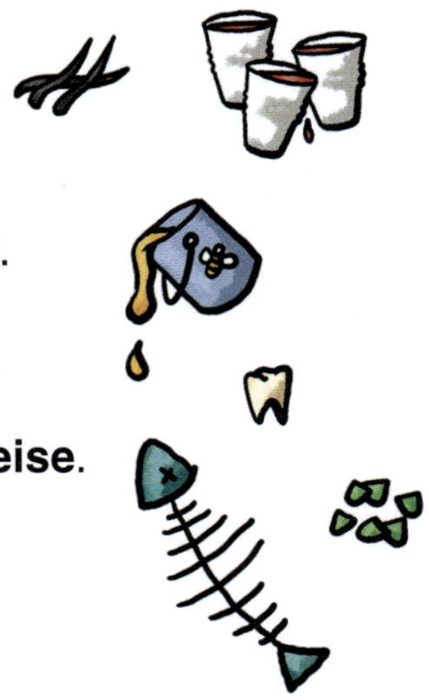

M boxen
explodieren
extra
links
verwechseln
wachsen

3 Über das eigene Lernen nachdenken

Ergänze deine Lernraupe.

... Wörter mit sch, sp und st schreiben.

... Wörter mit qu bilden.

... Wörter mit v-Lauten unterscheiden.

... Wörter mit langem i schreiben.

... Wörter mit x-Lauten unterscheiden.

Es war toll, mit ______________ zusammenzuarbeiten, weil ...

Mit einem Partnerkind komme ich gut voran, wenn ...

4 Kurze und lange Selbstlaute unterscheiden

1

Nach einem **kurzen Selbstlaut** (a, e, i, o, u) folgen meistens **zwei oder mehr Mitlaute:**

- verschiedene Mitlaute: der Saft, winzig oder
- zwei gleiche Mitlaute: der Himmel, nass.

Nach einem **langen Selbstlaut** folgt meist nur **ein Mitlaut:**
die Rose, das Gras.

2 Schreibe die Wörter ab und kennzeichne den kurzen Selbstlaut mit einem Punkt. Markiere die folgenden Mitlaute.

Heft 2, S. 25 ②
alt,✓ die Tasse,✓ …

alt | Tasse | satt | krank | nett | wild

Saft | Kind | Kanne | Welt | Ente

3 Sprich die Wörter deutlich. Schreibe alle Wörter mit einem langen Selbstlaut auf. Kennzeichne den langen Selbstlaut mit einem Strich.

Heft 2, S. 25 ③
das Glas, …

4 Kurzes i oder langes ie? Ergänze und schreibe die Wörter in dein Heft.

F✱nger l✱b s✱ngen

D✱b w✱ld rad✱ren

B✱ld verl✱ren st✱ll

Heft 2, S. 25 ④
der Finger, lieb, …

→ AH Seite 33

4 Wörter mit doppelten Mitlauten zuordnen

1 Sortiere die Wörter. Markiere den doppelten Mitlaut. Kennzeichne den kurzen Selbstlaut davor mit einem Punkt. Zeichne Silbenbögen.

Nach einem kurzen Selbstlaut stehen oft zwei gleiche Mitlaute.

Heft 2, S. 26 ①
bb: das Hobby, …
ff: …
ll: der Ball, …
nn: …
pp: …
tt: …

2 Finde zu den Silbenbögen mit doppeltem Mitlaut passende Wörter. Nutze die Wörterliste oder ein Wörterbuch.

Heft 2, S. 26 ②
Nomen: Koffer, …
Adjektive: schlapp, …
Verben: wetten, …

3 Überlege dir zu den Nomen in den Wörterschlangen Reimwörter. Kennzeichne den kurzen Selbstlaut. Zeichne Silbenbögen.

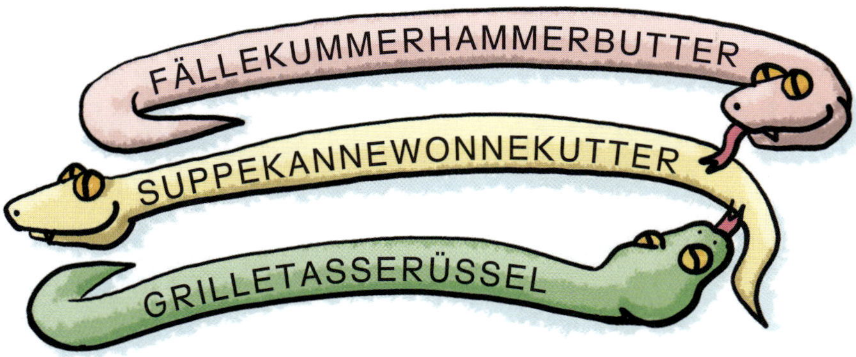

Heft 2, S. 26 ③
Fälle – Bälle
…

die Brille
fressen
gewinnen
die Nummer
sammeln
der Schatten

→ AH Seite 34

4 Wörter mit doppelten Mitlauten erkennen

1 Sprich die Wörter in Silben. Trenne deutlich zwischen den doppelten Mitlauten, sodass du beide Mitlaute hören kannst.

Wetter | Lappen | Teller | Messer | Löffel

essen | lassen | Matte | wollen

2 Verlängere die einsilbigen Wörter durch Weiterschwingen.

still | Bett | er nennt

er muss | er will | Schloss

es brennt | schnell | hell

Heft 2, S. 27 ②
still ↝ eine stille Nacht,
...

Am Wortende hörst du den doppelten Mitlaut nur als einen Laut. Mache ihn durch Weiterschwingen hörbar:
das Bett – die Betten

3 Sprich die Wörter deutlich in Silben. Achte dabei auf den doppelten Mitlaut. Schreibe die sechs Wörter mit einem kurzen Selbstlaut auf. Kontrolliere.

STOPP

Heft 2, S. 27 ③
die Brille,✓...

das Bett
dumm
fett
der Fluss
glatt
der Stamm

4 Wörter mit ck aufschreiben

1 **Nach einem kurzen Selbstlaut** steht nicht kk, sondern **ck**:
der Wecker, backen, dreckig.

2 Finde die Reimwörter und schreibe sie auf.
Kennzeichne die kurzen Selbstlaute und markiere das **ck**.

Heft 2, S. 28 ②
backen – hacken – ...

backen
hacken
der Nacken
die Z

der Rücken
pfl
b
die

die Hecke
die Z
die

die Locken
h
die

3 Bilde mindestens zehn Wörter mit **eck** und schreibe sie auf. Kennzeichne den kurzen Selbstlaut mit einem Punkt.

Heft 2, S. 28 ③
die Hecke, schlecken, ...

H	schl				er
W	st	l			en
Z	w	schr		eck	e
B	l	dr			lich
Gem	n				ig

dick
drücken
erschrecken
das Glück
packen
das Stück

4 Wörter mit tz üben

1 **Nach einem kurzen Selbstlaut** steht nicht zz, sondern **tz**: die Katze.
Am Wortende kann ich das tz nur durch Verlängern hörbar machen:
der Blitz ↪ die Blit-ze.

2 Würfle und wähle eine der beiden Aufgaben.
Löse so mindestens vier Aufgaben.

Heft 2, S. 29 ②
⚀ petzen, …
oder
⚀ die Netze, …

Netz ✶ Mütze ✶ Tatze ✶ Pfütze ✶ Sitz ✶ Spitze ✶
petzen ✶ Latz ✶ putzen ✶ Witz ✶ sitzen ✶
schützen ✶ trotzig ✶ stützen ✶ Lakritze ✶ setzen ✶
Katze ✶ Verletzung ✶ hetzen ✶ spitz ✶ kratzig ✶
Platz ✶ Schatz ✶ kratzen ✶ witzig ✶ Blitz ✶ ritzen

- ⚀ Schreibe alle Verben mit **tz** auf. Markiere den kurzen Selbstlaut.
- ⚁ Schreibe alle Nomen mit **tz** auf. Markiere den kurzen Selbstlaut.
- ⚂ Schreibe alle einsilbigen Wörter heraus.
- ⚃ Ordne alle Nomen nach dem Alphabet.
- ⚄ Schreibe fünf Reimwortpaare mit **tz** auf.
- ⚅ Schreibe aus dem Gedächtnis möglichst viele **tz**-Wörter auf.

- ⚀ Verlängere durch Weiterschwingen alle Wörter, die auf **tz** enden.
- ⚁ Schreibe einen Unsinnssatz mit möglichst vielen **tz**-Wörtern.
- ⚂ Schreibe zehn **tz**-Wörter auf. Gestalte das **tz** besonders (groß, winzig, bunt, verschnörkelt …).
- ⚃ Schreibe ein kurzes **tz**-Gedicht.
- ⚄ Male ein Bild, auf dem viele **tz**-Wörter zu sehen sind.
- ⚅ Schreibe alle Adjektive mit **tz** auf. Markiere den kurzen Selbstlaut.

↪ der Blitz
das Gesetz
der Platz
der Satz
der Schatz
spitz

4 Wörter mit doppeltem Mitlaut, tz oder ck trennen

1 Wörter mit einem **doppelten Mitlaut** trenne ich wie beim Silbensprechen **zwischen den doppelten Mitlauten:** Pup-pe, mes-sen.
Wörter mit **tz** trenne ich zwischen **t** und **z**: blit-zen, put-zen.
Aber: Wörter mit **ck** trenne ich nach dem kurzen Selbstlaut.
c und k bleiben immer zusammen: we-cken, Ja-cke.

2 Schreibe die Wörter mit Silben-Trennstrichen auf.

Heft 2, S. 30 ②
a) die Flüs-se
b) ...

a) 

b) 

c) 

d) 

e) 

f) 

3 Schreibe die Nomen mit Artikel und Trennstrichen auf.

ma trat ze Luft

ze tat Kat zen

ding sel Pud schüs

cker cke Zu schne

Heft 2, S. 30 ③
die Luft-ma-trat-ze,
...

4 Maries Mutter braucht viele Dinge.
Schreibe eine Einkaufsliste mit Trennstrichen ins Heft.

STOPP

Heft 2, S. 30 ④
Lo-cken-stab ✓
zwei ...

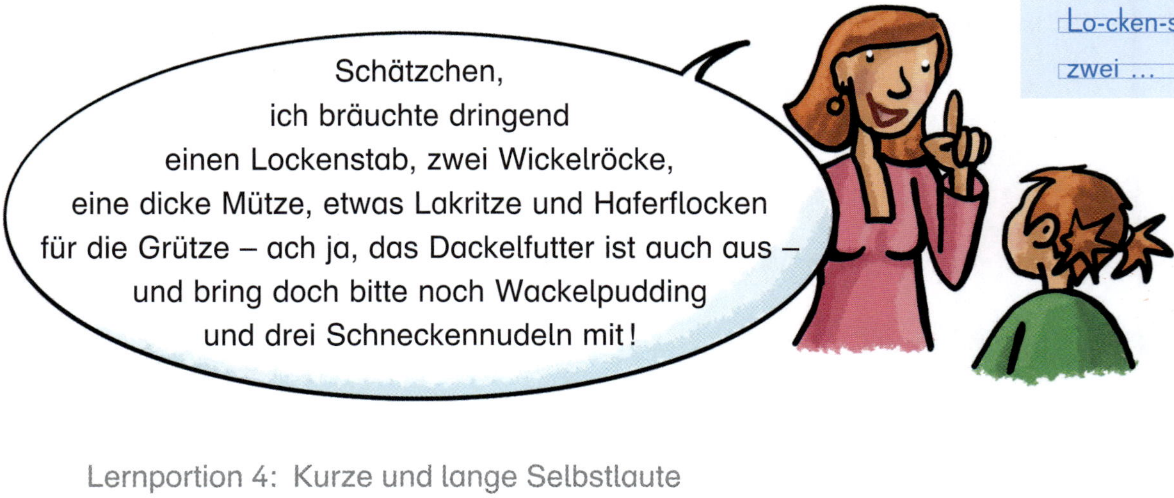

4 Doppelte Mitlaute in einem Schleichdiktat üben

So schreibe ich ein Schleichdiktat:

1. Ich lese den Text in Ruhe durch und lege ihn an einen weit entfernten Platz.
2. Ich merke mir einen Abschnitt bis zum Trennstrich und schleiche zu meinem Platz.
3. Ich schreibe den Abschnitt auf. Ich lasse dabei über jeder Zeile eine Zeile frei.
4. Ich schleiche wieder zum Text und merke mir den nächsten Abschnitt, bis ich den Text geschrieben habe.
5. Ich hole den Text und kontrolliere Wort für Wort.
6. Ich streiche ein falsches Wort durch und schreibe das richtige Wort darüber.

STOPP

1 Schreibe ein Schleichdiktat nach Lolas Anleitung.
Setze dabei **ll**, **mm**, **ss**, **tz** oder **ck** in die Lücken ein.
Decke die Lösung unten ab.

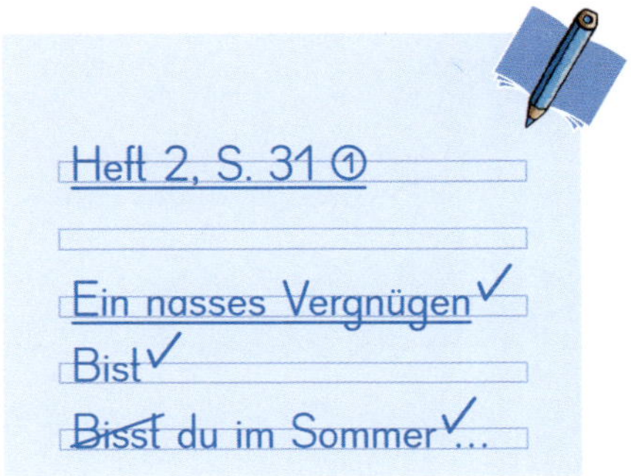

Ein na✶es Vergnügen |

Bist du im So✶er | stark erhi✶t, |
macht eine Wa✶erschlacht |
riesigen Spaß. | Besonders wi✶ig ist es, |
kleine Luftba✶ons | mit Wa✶er zu fü✶en. |
Mit den Wa✶erbomben | werden besti✶t | a✶e Kinder na✶. |
Zerpla✶t ein buntes Gu✶igescho✶ | auf dem Asphalt, |
spri✶t es | bis in die hinterste E✶e. |
Fli✶t man nicht | schne✶ genug davon |
oder findet kein sicheres Verste✶, |
bleibt besti✶t | kein Kleidungsstü✶ tro✶en.

Lösung:

Ein nasses Vergnügen

Bist du im Sommer stark erhitzt, macht eine Wasserschlacht riesigen Spaß. Besonders witzig ist es, kleine Luftballons mit Wasser zu füllen. Mit den Wasserbomben werden bestimmt alle Kinder nass. Zerplatzt ein buntes Gummigeschoss auf dem Asphalt, spritzt es bis in die hinterste Ecke. Flitzt man nicht schnell genug davon oder findet kein sicheres Versteck, bleibt bestimmt kein Kleidungsstück trocken.

4 Über das eigene Lernen nachdenken

Ergänze deine Lernraupe.

… Wörter mit ck schreiben.

… Wörter mit tz schreiben.

… Wörter mit doppeltem Mitlaut, tz oder ck trennen.

… kurze und lange Selbstlaute unterscheiden.

… Wörter mit doppelten Mitlauten erkennen.

Ich schreibe besser, wenn …

Ich kann super schreiben, wenn …

5 Das Alphabet wiederholen

1 Schreibe die Buchstaben mit ihrem Vorgänger und Nachfolger auf.

✶I✶ ✶O✶ ✶U✶ ✶E✶ ✶B✶

Heft 2, S. 33 ①
H I J, ...

2 Lies die Wörter.

STOPP

Berg ✶	anfangs ✶	Punkt ✶	Kreis ✶	Erde ✶	Zeit ✶
Dorf ✶	Garten ✶	endlich ✶	Feuer ✶	Licht ✶	
immer ✶	Idee ✶	Musik ✶	Uhr ✶	Traum ✶	Ort ✶
oben ✶	Schluss ✶	unten ✶	Hase ✶	Jacke ✶	Netz

a) Schreibe alle Wörter auf, die mit einem Selbstlaut beginnen.

b) Schreibe alle Nomen nach dem Alphabet geordnet auf.

Heft 2, S. 33 ②
a) anfangs, ✓...
b) der Berg, ✓...

3 Ordne diese Wörter nach dem Alphabet.

STOPP

a) alt, arm, albern, ängstlich

b) braun, böse, blass, blind

c) trinken, tanken, denken, danken, schenken, lenken

Heft 2, S. 33 ③
a) albern, ✓...

4

das Hobby
der Keks
die Nixe
plötzlich
trotzdem
vorher

5 Wörter im Wörterbuch finden

1 Im Wörterbuch stehen die Wörter nach dem Alphabet geordnet. Zuerst steht **fett gedruckt** das **Leitwort**, dahinter stehen manchmal noch Nebenstichwörter:
falsch, fälschen, der Fälscher, die Fälschung.

2 Sieh dir die Wörterbuchseite an.
Beantworte die Fragen in ganzen Sätzen.

Heft 2, S. 34 ②
a) Fett gedruckt sind …
b) Hinter jedem Nomen steht …
c) Bei jedem Verb steht …
d) Die Pfeile bedeuten, dass …
e) …

Fa

F f

Leitwort — die **Fa|bel,** die Fabeln
die **Fa|brik,** die Fabriken, der Fabrikant
das **Fach,** die Fächer,
Verweis auf ein weiteres Wort im Wörterbuch — der Fachmann (→ Mann), das Fachwerk (→ Werk)
die **Fa|ckel,** die Fackeln
fad, fade
Silbentrennung — der **Fa|den,** die Fäden, einfädeln
Nebenstichwort — **fä|hig,** die Fähigkeit
fahn|den, sie fahndete, die Fahndung
die **Fah|ne,** die Fahnen
Personalform — **fah|ren,** sie fährt, sie fuhr, die Fahrt, der Fahrer, die Fahrkarte, die Fähre, das Fahrzeug S. 227
Mehrzahl — das **Fahr|rad,** die Fahrräder S. 211
fair, unfair
Vergangenheitsform — **fal|len,** du fällst, sie fiel, auf jeden Fall S. 227
fäl|len, er fällte S. 227
fäl|lig S. 227
falsch, fälschen, der Fälscher, die Fälschung
die **Fal|te,** die Falten, falten
Artikel — der **Fal|ter,** die Falter
die **Fa|mi|lie,** die Familien

A B C D E F G H I J K L M N O P Q R S T U V W X Y Z

115

a) Was ist immer fett gedruckt?

b) Was steht hinter jedem Nomen?

c) Was steht bei jedem Verb dabei?

d) Was bedeuten die Pfeile?

e) Schreibe das Wort mit den meisten Nebenstichwörtern auf.

f) Schreibe drei Nomen mit der Mehrzahlform auf.

→ AH Seite 39

5 Mehrzahlformen im Wörterbuch finden

1

Wenn ein Nomen in der Mehrzahl steht, muss ich zuerst die Einzahl bilden, um das Wort im Wörterbuch zu finden:
Mäuse finde ich unter Maus.

2 Finde zu jedem Mehrzahlwort das Einzahlwort. Suche das Einzahlwort im Wörterbuch und schreibe es mit Artikel auf.

STOPP

Tücher | Kämme | Wörter | Eier

Fahrten | Blüten | Gärten | Wälder

Bücher | Fahrräder | Tränen | Schwestern

Heft 2, S. 35 ②
die Tücher → das Tuch ✓
...

3 Bilde das Einzahlwort und ordne es den Buchseiten zu.

Flüsse, Gefahren, Koffer, Fahrkarten, Gläser, Kinder, Füchse, Götter

Kürbisse

Seite	erstes Wort	?	letztes Wort
1	fleißig	?	frisch
2	fressen	?	Futter
3	Esel	?	falsch
4	geboren	?	gelb
5	Gewitter	?	Gras
6	glauben	?	Gras
7	Kiefer	?	Kino
8	Knopf	?	Kohl
9	Kugel	?	küssen

Heft 2, S. 35 ③
Flüsse → Fluss: S. 1
...

der Gott	die Götter
der Krieg	die Kriege
das Land	die Länder
das Schloss	die Schlösser
der Stoff	die Stoffe
der Wind	die Winde

5 Verbformen im Wörterbuch finden

1 Verschiedene Verbformen finde ich im Wörterbuch immer bei der Grundform:
er isst steht bei essen und
er rannte steht bei rennen.

2 Suche die Vergangenheitsform der Verben im Wörterbuch.

Heft 2, S. 36 ②
fangen – er fing ✓, …

3 Suche die Grundform der Verben im Wörterbuch.

sie sah | gefroren | er schnitt | er aß | es brannte | sie erschrak | gesessen

Heft 2, S. 36 ③
sie sah – sehen ✓, …

essen	aß
messen	maß
vergessen	vergaß

5 Zusammengesetzte Nomen nachschlagen

1 Zusammengesetzte Wörter zerlege ich in ihre Bestandteile und schlage diese Wörter einzeln im Wörterbuch nach:
Waldarbeiter: der Wald + arbeiten.

2 Zerlege die acht zusammengesetzten Nomen in Einzelwörter. Überprüfe die einzelnen Wörter mit dem Wörterbuch und schreibe sie richtig auf.

Heft 2, S. 37 ②
der Wald ✓ + arbeiten ✓
der Waldarbeiter ✓
das Laub ✓ + der Baum ✓
die Laubbäume ✓
…

Herr Maier ist Förster. Zusammen mit einem Waltarbeiter schaut er, welche Laubbeume gefällt werden müssen. Auf einem alten Baum nistet ein Buntschpecht. Der Baum darf deshalb noch stehen bleiben. Auch die Informatzionsschilder am Naturlehrpfat müssen neu befestigt werden. Als er die Futtergrippe auffüllt, kommen zwei Wiltschweine und ein Rehkiz.

3 Bilde mit einem Partnerkind Wörterketten.

5 Fremdwörter aufschreiben und erklären

1 Verfolge die Linien mit dem Finger und schreibe die Wörter geordnet nach ihrer Herkunft auf. Schreibe bei Nomen die Artikel dazu. Kontrolliere mit dem Wörterbuch.

STOPP

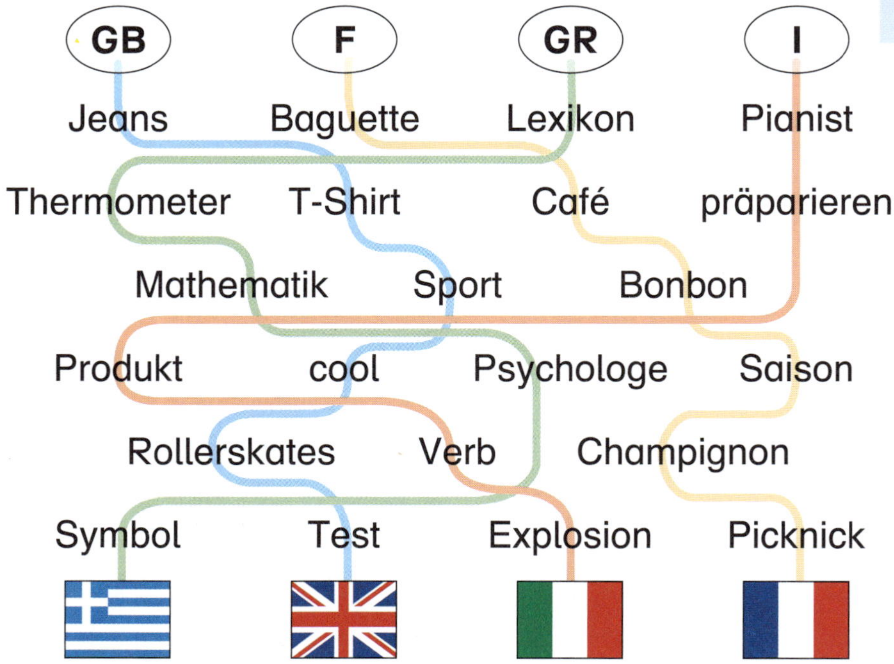

Heft 2, S. 38 ①
GB: die Jeans,✓ das T-Shirt,✓ ...
F: das Baguette,✓ ...
...

2 Suche das Fremdwort mit derselben Bedeutung im Wörterbuch.

STOPP

Innenstadt = Ci★★

kräftig rosa = p★★★

Versuch = Ex★★★★★★★★

gesundheitlich in Form = ★★★

Heft 2, S. 38 ②
die Innenstadt✓ = ...
...

3 Suche das Fremdwort und dessen Bedeutung im Wörterbuch. Erkläre die Bedeutung mit eigenen Worten.

STOPP

Spaghetti | Thermometer | Portmonee

Heft 2, S. 38 ③
Spaghetti sind ... ✓
...

5 Wörter nachschlagen und Texte verbessern

1 Schlage die markierten Wörter im Wörterbuch nach und schreibe sie richtig auf.

Heft 2, S. 39 ①
der Hit, ✓ ...

Das Schulfest am letzten Samstag war der Hitt. Bei stralendem Sonnenschein waren mehr als dreihundert Leute gekommen, um gemeinsam das Jubileum der Erich-Kästner-Grundschule zu feiern. Vor genau fünfzig Jahren wurden hier nähmlich die ersten Erstklässler eingeschult. Die Klassen hatten Abwechslungsreiche Vorführungen, lustige Spiele, verschiedene Bastelstazionen und viele leckere Schpezialitäten aus allen Ländern vorbereitet. Das ganze Schulgebäude war überall liebevoll dekoriert. Der Höhepunkt des Tages war aber die Klassenolimpyade.

Alle Schüler trafen sich zu einem fähren Wettkampf im Torwandschießen, Froschweitsprung und Drachenlauf. Bei dieser Distziplin gelang es der Klasse 4b unter den Anfeuerungsrufen der Fans die Koncurrenz hinter sich zu lassen. Bei der Gesamtwertung erzielte jedoch die Klasse 3a das beste Ergebnis und durfte den Pockal in Empfang nehmen. Danach halfen alle Eltern, Schüler und Lehrer tatkräftig beim Aufräumen, sodass sogar unser Hausmeister mit dem Ablauf des Festes sehr zufrieden war.

5 Über das eigene Lernen nachdenken

Ergänze deine Lernraupe.

... das Alphabet aufsagen.

... Wörter im Wörterbuch finden.

... Mehrzahlformen im Wörterbuch finden.

... Verbformen im Wörterbuch finden.

... zusammengesetzte Nomen nachschlagen.

... Fremdwörter erklären.

... Wörter nachschlagen und Texte verbessern.

Mein Test hat mir gezeigt, dass ...

Nach dem Test wusste ich ...

6 Wörter mit doppelten Selbstlauten üben

M

1 Schreibe die Nomen mit Artikel auf.

Heft 2, S. 41 ①
die Idee, ...

2 Schreibe die Wörter auf.

d☾☾f   Erdb☆☆re   M☾☾r   W✿✿ge
p✿✿r   M☆☆r   Z☾☾   l☆☆r   St✿✿t
T☆☆r   ✿✿l   M☾☾s   Kl☆☆   B☾☾t

Heft 2, S. 41 ②
doof, ...

STOPP

3 Ergänze die Reimwörter und schreibe den ganzen Satz ins Heft.
Unterstreiche die Reimwörter des Satzes in derselben Farbe.

a) Die **Ameisenarmee** marschiert durch die  .

b) Der Zwerg verspeist **Gelee** am  .

c) Im **Mäusehaar**, da sitzt ganz frech ein  .

d) Die **Fee** trinkt heute mal statt  einen  .

Heft 2, S. 41 ③
a) Die Ameisenarmee
marschiert durch die Allee. ✓
b) ...

4

M die Beere
doof
der Kaffee
paar
das Paar
der See

6 Wörter mit langem i finden und ordnen

M

1 Nur wenige Wörter mit lang gesprochenem i schreibe ich mit **i**. Diese Wörter muss ich mir merken: das Kino, wir, mir, dir …

2 Schreibe den Text ab.
Unterstreiche die Wörter mit langem **i**.

Heft 2, S. 42 ②
Auf Carlas Einkaufszettel ✓…

Auf Carlas Einkaufszettel | stehen folgende Artikel: | Mandarinen, | drei Liter Orangensaft, | zweihundert Gramm Rosinen, | ein Brot | und ein Kilogramm Apfelsinen. | Für Papas Kusine Eva | packt Carla | noch eine Schachtel Pralinen ein. | Für sich kauft Carla | ein neues Lineal.

3 Sortiere die Wörter nach ihrer Silbenanzahl.
Markiere in jeder Silbe den Silbenkern.
Zeichne Silbenbögen.

Heft 2, S. 42 ③
eine Silbe: …
zwei Silben: das Kino, …
drei Silben: …
vier Silben: …

Kino ✶ mir ✶ prima ✶ Gardine ✶ Klinik ✶ lila ✶ Lawine ✶ Maschine ✶ Linie ✶ wir ✶ minus ✶ Medizin ✶ Clementine ✶ Kabine

4 Schreibe die acht Nomen mit Artikel und Silbenbögen auf. Schlage die Mehrzahl im Wörterbuch nach und bilde einen Satz.

Heft 2, S. 42 ④
die Olive – Ich esse gern Oliven.
…

M das Kilogramm
die Medizin
die Linie
die Maschine
der Tiger
prima

6 Wörter mit Dehnungs-h erkennen

M

1 Ordne jeder Wortfamilie ein Nomen, ein Verb und ein Adjektiv zu. Markiere das unhörbare **h** und den Selbstlaut davor.

Heft 2, S. 43 ①
fühlen: das Gefühl, ...
...

fühlen | rühren | wohnen | lehren

das Gefühl | rührselig | die Wohnung | anfühlen
der Rührbesen | die Lehrerin | gefühlvoll | wohnhaft
lehrreich | bewohnen | belehren | umrühren

2 Suche zu den Bildern passende Reimwortpaare.

M=S | F=S | Z=K | M=Str | Sch=K | M=R

Heft 2, S. 43 ②
der Mohn – der Sohn
...

3 Lass dir von einem Partnerkind die Sätze diktieren. Schreibe aus jedem Satz nur das Wort mit Dehnungs-**h** auf.

a) Timo mag keine Bohnen.

b) Die Polizei setzt eine Belohnung aus.

c) Ohne Haare hat man eine Glatze.

d) Die Wühlmaus gräbt sich einen Gang.

e) Eine Höhle ist ein Loch im Berg.

f) Fohlen sind junge Pferde.

Heft 2, S. 43 ③
a) die Bohnen
b) ...

M ähnlich
der Draht
fühlen
führen
die Höhle
während

6 Wörter mit ß einsetzen

1 Finde Reimwörter und setze die Silbenbögen.

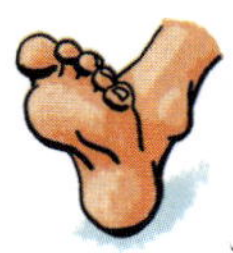			
F*ß	b**ß**	g**ß**	F**ß
Gr**	r*****	spr*****	St**
R**	schm*****	sch*****	bl**
	h*****	schl*****	gr**

Heft 2, S. 44 ①
der Fuß, der Gruß, …
…

2 Löse das Rätsel.

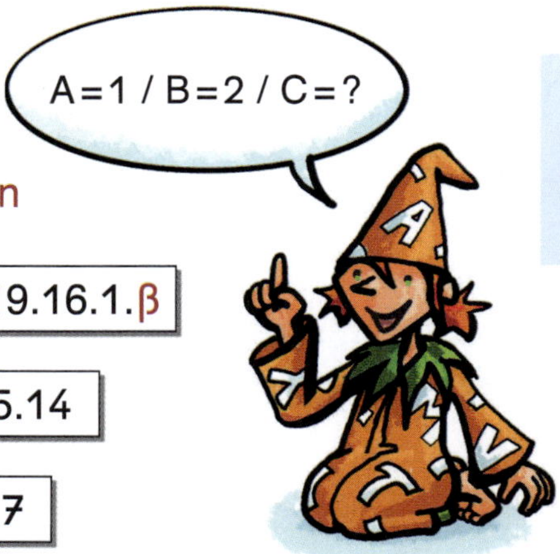

Beispiel: 2.5.9.ß.5.14 beißen

19.20.18.1.ß.5	23.5.9.ß	19.16.1.ß
6.12.9.5.ß.5.14	4.18.1.21.ß.5.14	
19.20.15.ß.5.14	6.12.5.9.ß.9.7	

Heft 2, S. 44 ②
beißen, …

3 Welches ist Tims Lieblingstier?
Schreibe den Text in dein Heft. Setze dabei Wörter aus **1** und **2** in der passenden Form ein.

STOPP

Tims bester Freund ▢ Krümel.
Am liebsten ist er ▢ im Garten.
Doch wenn er Tim sieht,
streicht er ihm zum ▢ um die Beine.
Sein ▢ Fell mag Tim gerne. Er hat mit ihm viel ▢.
Leider ist Krümel auch ein Tollpatsch.
Manchmal ▢ er die Bodenvase um
oder ▢ mit seinen Krallen an den Vorhängen.
Doch er ▢ Tim nie!

Heft 2, S. 44 ③
Tims bester Freund ✓ …

M draußen
fließen
gießen
heißen
schließen
süß

→ AH Seite 46

6 Über das eigene Lernen nachdenken

Ergänze deine Lernraupe.

… Wörter mit doppelten Selbstlauten schreiben.

… Wörter mit langem i finden und ordnen.

… Wörter mit Dehnungs-h erkennen.

… Wörter mit ß einsetzen.

…

Wenn mir etwas schwerfiel, …

Besonders leicht fiel es mir, …

7 Nomen erkennen

1

Nomen schreibe ich **groß.** So erkenne ich sie:

1. Ich setze **vor das Wort einen Artikel:** **der** Onkel, **die** Mutter, **das** Kind …
2. Ich bilde die **Mehrzahl:** der Name – die Namen …
3. Ich **merke** mir: **Namen** von Personen, Städten oder Ländern sind auch Nomen: der Mädchenname **Anna**, die Stadt **Paris**, das Land **Deutschland**.

2 Finde in der Wörterschlange alle Nomen.
Schreibe sie in der Einzahl und in der Mehrzahl auf.

Heft 2, S. 46 ②
die Mutter – die Mütter, …
…

3 Finde die 15 Nomen im Text. Schreibe sie in dein Heft. Notiere hinter jedem Nomen, woran du es erkannt hast.

Heft 2, S. 46 ③
Freund – der Freund,
Tom – Name, …

GESTERN HATTEN MEIN FREUND
TOM UND ICH EINE LUSTIGE IDEE.
WIR WOLLTEN ZWEI MÄDCHEN AUS UNSERER
KLASSE EINEN SCHRECK EINJAGEN. WIR NAHMEN
UNSERE FAHRRÄDER UND RADELTEN ZUM FLUSS.
DORT VERSTECKTEN WIR UNS UNTER DER BRÜCKE
UND WARTETEN. ALS WIR STIMMEN HÖRTEN,
SPRITZTEN WIR MIT UNSEREN WASSERPISTOLEN.
GLEICHZEITIG ABER WURDEN WIR PITSCHNASS.
LISA UND ANNA HATTEN EINEN EIMER VOLL
WASSER VON OBEN HERUNTERGESCHÜTTET.

die Brücke
der Fluss
die Höhe
die Kreuzung
der Wald
das Ziel

→ AH Seite 52

7 Den Satzanfang großschreiben

1 **Satzanfänge** schreibe ich **groß:** Die Feuerwehr hat viele Aufgaben.

2 Verfolge die Satzspuren mit dem Finger und schreibe die vier Sätze richtig auf.

Heft 2, S. 47 ②
Mein Vater …

3 Schreibe den Text richtig ab. Schreibe die Nomen und Satzanfänge groß. Markiere sie in verschiedenen Farben.

STOPP

die feuerwehr hat viele aufgaben. ihre wichtigste aufgabe ist es, feuer zu löschen. die feuerwehr hilft aber auch, wenn ein unfall passiert ist. dann rettet sie die verletzten. sie beseitigt auch die schäden nach einem unwetter, sie pumpt keller leer und räumt umgestürzte bäume aus dem weg.

Heft 2, S. 47 ③
Die Feuerwehr hat✓…

4

das Feuer
gefährlich
das Gewitter
glühen
das Handy
die Hitze

→ AH Seite 52

7 Zeitangaben großschreiben

1

Die Namen der **Wochentage, Monate** und die **Zeiteinheiten** schreibe ich **groß:**
Dienstag, Januar, drei Stunden, zwei Jahre, ein Monat.
Ich erkenne sie an einem **Signalwort, dem Artikel.** Manchmal ist er versteckt:
am Abend (= **an dem** Abend), **im** Mai (= **in dem** Mai).

2 Setze die Wörter richtig ein.
Schreibe erst das Wort mit dem Artikel und dann den passenden Satz auf.

Heft 2, S. 48 ②
1. der Abend – Am Abend trinke ich ✓...
...

1. Am ▭ trinke ich eine warme Milch.
2. Jeden ▭ ziehe ich mich an.
3. Ich habe im ▭ Geburtstag.
4. 1000 Meter schwimme ich in einer halben ▭.
5. Am ▭ gehe ich zu einem Geburtstag.
6. Meine kleine Schwester ist fünf ▭ alt.

DIENSTAG | MÄRZ | ABEND | STUNDE | JAHRE | MORGEN

3 Schreibe fünf Sätze über dich auf.
Du kannst die Zeitangaben nutzen.

Heft 2, S. 48 ③
Um sieben Uhr stehe ich auf.
...

jeden Tag | am Wochenende | im Mai | in den Sommerferien | an Weihnachten | im Frühling | nächstes Jahr | am Mittwoch | um sieben Uhr

4

M der Advent
das Jahr
der Karneval
der Mai
der November
die Uhr

7 Anredepronomen richtig verwenden

1

In einem Brief an Freunde oder Verwandte benutze ich diese Anredepronomen: du, dein, dich, euch, ihr …
Diese darf ich **groß- oder kleinschreiben.**
In förmlichen Briefen wird der Briefpartner mit **Sie** angesprochen.
Die Anredepronomen werden der Höflichkeit wegen **großgeschrieben:** Sie, Ihnen, Ihr, Ihre …

2 Jan ist umgezogen. Die Klasse 3b schickt ihm diesen Einladungsbrief zum Sommerfest. Lest den Brief abwechselnd Satz für Satz. Setzt **du**, **dich** und **dir** passend ein.

Lieber Jan,

wir möchten ___ herzlich zu unserem Sommerfest am Samstag, den 21.6., ab 11 Uhr am alten Sportplatz einladen. Zuerst wollen wir mit ___ grillen. Würstchen und Salat kaufen wir, aber ___ solltest bitte einen Teller, ein Glas und Besteck für ___ mitbringen. Danach möchten wir gemeinsam spielen. Vielleicht fällt ___ ein neues Spiel ein, das wir machen können?
Wir freuen uns auf ___ und hoffen, dass ___ kommen kannst.

Deine Klasse 3b

3 Die Klasse möchte auch ihren ehemaligen Lehrer, Herrn Winter, einladen. Schreibe die Einladung um. Benutze dabei die höflichen Anredepronomen und markiere sie.

Heft 2, S. 49 ③
Lieber Herr Winter,
wir möchten Sie herzlich …

Über das eigene Lernen nachdenken

Ergänze deine Lernraupe.

… Nomen erkennen.

… den Satzanfang großschreiben.

… Zeitangaben großschreiben.

… Anredepronomen richtig verwenden.

…

Wenn ich mir Aufgaben wünschen dürfte: …

Ich hätte gern, dass ich …

8 Einen Text verbessern

M

1 Lies die Postkarte von Tom und vervollständige dabei die Wörter.

Liebe Mama, lieber Papa.

Gestern haben wir einen sup*
Ausflu* in das Spielelan* gemacht. Leider
musste ich im Bus ~~schräcklich~~ dringen*
auf die ~~Tolette~~. Bei den Parkpl*tzen
war dann ein Klo. Im Park ga* es viele
versch*dene ~~Atrakzionen~~.

Bis bald, Tom

An Familie Seidl
An den Wäldern 3
78065 Grän

2 Schreibe die Wörter richtig auf. Nutze die Hilfen.

- sup* – Sprich deutlich in Silben.
- Ausflu* – Bilde die Mehrzahl.
- dringen* – Bilde die 1. Vergleichsstufe.
- Parkpl*tze – Bilde die Einzahl.
- ga* – Bilde die Grundform vom Verb.
- versch*dene – Überprüfe: Kurzer oder langer Selbstlaut?

Heft 2, S. 51 ②
super, der Ausflug
die Ausflüge, ...

3 Schlage die durchgestrichenen Wörter in der Postkarte von **1** im Wörterbuch nach. Schreibe sie richtig auf.

Heft 2, S. 51 ③
...

4 Schreibe eine eigene Postkarte. Überlege bei schwierigen Wörtern, welche Strategie dir hilft. Notiere die passenden Zeichen.

8 Nach Rechtschreibstrategien ordnen

ᴗᴗ | ⚡ | ↪ | M

Auf einen Blick:

ᴗᴗ In Silben gliedern: So vergesse ich keinen Buchstaben: Besen.

⚡ Ein Ableitungswort bilden. So unterscheide ich **e** oder **ä** und **eu** oder **äu**: Zäune ⚡ Zaun   Häschen ⚡ Hase.

↪ Durch Weiterschwingen ein Verlängerungswort finden. So unterscheide ich **b** oder **p**, **d** oder **t** und **g** oder **k** am Wortende: Ber_ → die Berge.

M Wörter mit doppelten Selbstlauten oder mit einem **ß** muss ich mir merken: Schnee, Fuß.

1 Tausche dich mit einem Partnerkind darüber aus, welche Strategie euch bei der markierten Stelle hilft. Ordnet die Wörter den Strategien zu.

Heft 2, S. 52 ① + ②
ᴗᴗ: die Badeente, ...
⚡: die Bäuche, ...
↪: ...
M: ...

2 Ordne auch diese Wörter den Strategien zu. Ergänze den Hefteintrag zu **1**.

Ber*   W*sche   es schwimm*   er w*scht
H*nde   w*rmen   Ba*   hei*

3

feucht
frieren
schmutzig
schwitzen
die Temperatur
trocken

Rechtschreibstrategien anwenden

ᴗᴗ ↯ ↪

1 Besprecht, welches Strategiesymbol zu welchem Wort gehört. Setzt dann die fehlenden Buchstaben ein und notiert hinter jedem Wort, welche Strategie euch hilft.

Heft 2, S. 53 ①
a) toller, Tag ↪ die Tage
b) lächelt ↯ lachen, …
…

a) **Ein toll* Ta* am Meer** ↪ ᴗᴗ

b) Paul l*chelt bis über beide Ohr*. ᴗᴗ ↯

c) Er nimmt sich sein Fahrra* und f*hrt los. ↪ ↯

d) Heute ge*t es mit seinem Freun* Tobi ans Wass*. ᴗᴗ ↪ ↪

e) Hier an der Nor*see bl*st das ganze Jahr der Win*. ↯ ↪ ↪

f) Für die Han*tücher find* sie ein Pl*tzchen in den Dün*. ᴗᴗ ↪ ↯ ᴗᴗ

g) Tobi sprin*t muti* ins kalte Wa*er. ᴗᴗ ↪ ↪

h) Paul l*ft über den Stran*. ↪ ↯

i) Er l*sst seinen bunt* Drach* steig*. ᴗᴗ ᴗᴗ ᴗᴗ ↯

2

→ AH Seite 57, 58

8 Rechtschreibfehler verbessern

1 In Monis Text sind die Fehler bereits markiert. Schreibe den Text fehlerfrei ab. Lass dabei immer eine Zeile frei.
Begründe die richtige Schreibweise, z. B. „Satzanfang = groß“, „Nomen = groß“, „Verb = klein“ oder „Adjektiv = klein“.
Schreibe die Begründung über das Wort in die leere Zeile.

Heft 2, S. 54 ①
(Adjektiv = klein)
Montag ist für mich der schönste Tag ✓...

Montag ist für mich der Schönste Tag der woche. Da habe ich
gitarrenunterricht. Ich hätte nicht Gedacht, dass es so viel Spaß
macht. letzten Sonntag durfte ich vor publikum auftreten. Es war
ganz leicht. ich war überhaupt nicht Aufgeregt. (Moni, 8 Jahre)

2 Davids Text enthält insgesamt acht Fehler. Schreibe den Text fehlerfrei ab.

a) Markiere die verbesserten Stellen.

b) Erkläre einem Partnerkind, welche Strategien dir bei der Verbesserung der Rechtschreibfehler geholfen haben.

Heft 2, S. 54 ②
Wenn mir langweilig ist, dann gehe ✓...

Wenn mir Langweilig ist, dann gehe ich auf den Bolzplaz. II
Hier ist immer ein Freund, der mit mir kikt. mittwochs II
trainiere ich im Fußbalverein. Am Wochenende haben wir I
ein spiel. Ich spiele im Mittelfelt, aber wenn der Torwart II
Krank ist, dann stehe ich zwischen den Pfosten. (David, 9 Jahre) I

→ AH Seite 59

8 Über das eigene Lernen nachdenken

Ergänze deine Lernraupe.

... einen Text verbessern.

... Rechtschreibstrategien anwenden.

... Rechtschreibfehler verbessern.

...

...

Wörterliste

A a  

der **Abend,** die Abende [↪]
aber
ab|küh|len, es kühlte ab [M]
ähn|lich [M]
al|lein
an|ders
der **An|fang,** die Anfänge [ϟ]
an|fan|gen, er fing an
die **Angst,** die Ängste [ϟ]
ängst|lich [ϟ]
är|gern, sie ärgerte
der **Arzt,** die Ärzte [ϟ]
die **Ärz|tin,** die Ärztinnen [ϟ]
auf|räu|men, er räumte auf [ϟ]
auf|we|cken, sie weckte auf
au|ßen [M]

B b 

ba|cken, er buk oder er backte
der **Bä|cker,** die Bäcker [ϟ]
die **Bä|cke|rin,** die Bäckerinnen [ϟ]
die **Bahn,** die Bahnen [M]
bald
bau|en, sie baute
die **Bee|re,** die Beeren [M]
be|gin|nen, es begann
das **Bei|spiel,** die Beispiele
bei|ßen, er biss [M]
be|loh|nen, sie belohnte [M]
be|reits
der **Be|ruf,** die Berufe
bes|ser
be|stimmt
das **Bett,** die Betten
be|vor [M]
bie|gen, er bog
biss|chen
blei|ben, sie blieb
der **Blick,** die Blicke
bli|cken, er blickte
blind [↪]
blin|ken, er blinkte
der **Blitz,** die Blitze [↪]
blit|zen, es blitzte
der **Block,** die Blöcke
bloß [M]
boh|ren, sie bohrte [M]
das **Boot,** die Boote [M]
bo|xen, er boxte [M]
der **Brand,** die Brände [↪] [ϟ]
brav [M]
bren|nen, es brannte
die **Bril|le,** die Brillen
die **Brü|cke,** die Brücken
die **But|ter**

C c  

der **Clown,** die Clowns

D d 

dann
die **De|cke,** die Decken
deut|lich
deutsch

Deutsch|land [↪]
dick
die|ser
der Don|ner
doof [M]
der Draht, die Drähte [M] [⚡]
drau|ßen [M]
der Dreck
dre|ckig
dre|hen, sie drehte
der Druck
drü|cken, es drückte
dumm [↪]
die Dumm|heit, die Dummheiten
dünn [↪]
durch
der Durst
durs|tig

E e

ent|de|cken, er entdeckte
die Ecke, die Ecken
eckig
ehr|lich [M]
ei|gent|lich
emp|fin|den, sie empfand
ent|fer|nen, er entfernte
die Ent|fer|nung, die Entfernungen
ent|ge|gen
ent|wi|ckeln, sie entwickelte
die Ent|wick|lung, die Entwicklungen
er|klä|ren, er erklärte [⚡]
er|lau|ben, sie erlaubte
die Er|laub|nis
er|le|ben, er erlebte
das Er|leb|nis, die Erlebnisse
er|näh|ren, sie ernährte [M]
er|schre|cken, er erschreckte
er|zäh|len, sie erzählte [M]
die Er|zäh|lung, die Erzählungen [M]
es|sen, er aß [M]
Eu|ro|pa
ex|plo|die|ren, es explodierte [M]
ex|tra [M]

F f

der Feh|ler, die Fehler [M]
feh|lerfrei [M]
die Fe|ri|en
fern|se|hen, er sah fern
der Fern|se|her, die Fernseher
fer|tig
fett [↪]
das Fett, die Fette [↪]
feucht
die Feuch|tig|keit
das Feu|er, die Feuer
das Flug|zeug, die Flugzeuge [↪]
der Fluss, die Flüsse [↪]
die Flüs|sig|keit, die Flüssigkeiten
die Frei|heit, die Freiheiten
fres|sen, sie fraß
frie|ren, er fror
fröh|lich [M]
füh|len, sie fühlte [M]
füh|ren, er führte [M]

G g 

der **Gar|ten,** die Gärten ↯
das **Ge|bäu|de,** die Gebäude ↯
die **Ge|burt,** die Geburten
der **Ge|burts|tag,** die Geburtstage ↪
die **Ge|fahr,** die Gefahren [M]
gefähr|lich [M]
das **Ge|fühl,** die Gefühle [M]
ge|gen
ge|heim
das **Ge|heim|nis,** die Geheimnisse
ge|hen, sie ging
ge|nug
das **Ge|päck** ↯
der **Ge|ruch,** die Gerüche
das **Ge|schäft,** die Geschäfte
ge|sche|hen, es geschah
das **Ge|schenk,** die Geschenke
das **Ge|setz,** die Gesetze ↪
das **Ge|wächs,** die Gewächse [M]
ge|win|nen, er gewann
das **Ge|wit|ter,** die Gewitter
gie|ßen, sie goss [M]
der **Glanz**
glän|zen, es glänzte ↯
das **Glas,** die Gläser ↯
glatt ↪
das **Glück**
glück|lich
glü|hen, er glühte
der **Gott,** die Götter ↪
grü|ßen, sie grüßte [M]

H h 

ha|ben, er hatte
das **Han|dy,** die Handys [M]
hän|gen, es hing ↯
hart
der **Hau|fen,** die Haufen
häu|fig ↯
hei|ßen, sie hieß [M]
hei|zen, er heizte
die **Hei|zung,** die Heizungen
her|stel|len, sie stellte her
die **Her|stel|lung**
hier
die **Hit|ze**
hof|fen, er hoffte
hof|fent|lich
die **Hö|he,** die Höhen
hohl [M]
die **Höh|le,** die Höhlen [M]
der **Hun|ger**
hung|rig

I i  

die **Idee,** die Ideen [M]
im|mer
imp|fen, sie impfte
die **Imp|fung,** die Impfungen
die **In|for|ma|tion,** die Informationen
in|for|mie|ren, er informierte
in|nen
in|te|res|sant
das **In|te|res|se,** die Interessen

J j

ja|gen, sie jagte

das **Jahr,** die Jahre [M]

je|mand

jetzt

die **Ju|gend**

ju|gend|lich

jung

K k

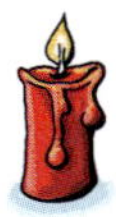

der **Kaf|fee** [M]

der **Kä|fig,** die Käfige [M]

der **Kamm,** die Kämme [↯]

käm|men, er kämmte [↯]

kann, sie konnte

ken|nen, er kannte

das **Ki|lo|gramm** [M]

klar

klä|ren, sie klärte [↯]

klet|tern, er kletterte

klug [↪]

der **Kom|pass,** die Kompasse [↪]

kön|nen, sie konnte

die **Kraft,** die Kräfte [↯]

kräf|tig [↯]

krank

krat|zen, er kratzte

die **Kreu|zung,** die Kreuzungen

krie|chen, sie kroch

der **Krieg,** die Kriege [↪]

kühl [M]

küh|len, er kühlte [M]

die **Kur|ve,** die Kurven [M]

kurz

der **Kuss,** die Küsse [↪]

L l

lä|cheln, er lächelte [↯]

das **La|chen**

das **Land,** die Länder [↪] [↯]

lang

lang|sam

der **Lärm** [M]

las|sen, sie ließ

das **Laub**

der **Leh|rer,** die Lehrer [M]

die **Leh|re|rin,** die Lehrerinnen [M]

letz|ter

leuch|ten, es leuchtete

das **Lied,** die Lieder [↪]

lie|gen, sie lag

die **Li|nie,** die Linien [M]

links [M]

der **Löf|fel,** die Löffel

lus|tig

M m

der **Mag|net,** die Magnete

manch|mal

die **Ma|schi|ne,** die Maschinen [M]

das **Maß,** die Maße [M]

das **Me|di|um,** die Medien

das **Meer,** die Meere [M]

mehr [M]

mes|sen, er maß

das **Mes|ser,** die Messer
die **Mie|te,** die Mieten
die **Mi|nu|te,** die Minuten [M]
der **Mit|tag** [↪]
die **Mit|te**
mi|xen, sie mixte [M]
das **Moos,** die Moose [M]
der **Müll**
mu|tig
die **Müt|ze,** die Mützen

N n

nächs|ter
nah
die **Nä|he**
nä|hen, er nähte
die **Nah|rung** [M]
nass [↪]
die **Näs|se**
die **Na|tur**
na|tür|lich
neh|men, sie nahm [M]
nichts
nie|mals
nie|mand
noch
die **Num|mer,** die Nummern
nun
nur
die **Nuss,** die Nüsse [↪]
nüt|zen, es nützt
nütz|lich

O o

ob
oben
oder
of|fen
oft
oh|ne [M]
der **Ort,** die Orte

P p

das **Paar,** die Paare [M]
paar [M]
das **Päck|chen,** die Päckchen [⚡]
pa|cken, er packte
das **Pa|ket,** die Pakete
der **Pass,** die Pässe [↪] [⚡]
pas|sen, es passte
die **Pfan|ne,** die Pfannen
das **Pferd,** die Pferde [↪]
der **Pilz,** die Pilze
plötz|lich
pri|ma [M]
das **Pro|gramm,** die Programme [↪]
put|zen, sie putzte

Qu qu

das **Qua|drat,** die Quadrate [M]
die **Qual,** die Qualen [M]
quä|len, er quälte [M]
der **Qualm** [M]
das **Quar|tett,** die Quartette [M]
der **Quatsch** [M]

die **Quel|le,** die Quellen [M]
quer [M]

R r

das **Ra|dio,** die Radios
ra|ten, sie riet
das **Rät|sel,** die Rätsel [↯]
der **Raum,** die Räume [↯]
rechts
das **Reh,** die Rehe
die **Rei|he,** die Reihen
rei|sen, er reiste
rei|ßen, sie riss [M]
ren|nen, er rannte
rich|tig
rie|chen, es roch
der **Rie|se,** die Riesen
die **Ru|he**
ru|hig
rund [↪]
rüh|ren, er rührte [M]

S s

sam|meln, sie sammelte
die **Samm|lung,** die Sammlungen
schaf|fen, er schuf
der **Schall**
schal|ten, sie schaltete
der **Schal|ter,** die Schalter
scharf
die **Schär|fe,** die Schärfen [↯]
der **Schat|ten,** die Schatten
schie|ben, sie schob
schief
schimp|fen, er schimpfte
schlie|ßen, sie schloss [M]
der **Schlüs|sel,** die Schlüssel
schme|cken, es schmeckte
der **Schmutz**
schmut|zig
schnei|den, er schnitt
schon
der **Schreck**
schreck|lich
schüt|teln, sie schüttelte
der **Schutz**
schüt|zen, er schützte
schwei|gen, sie schwieg
schwie|rig
die **Schwie|rig|keit,** die Schwierigkeiten
schwim|men, er schwamm
schwit|zen, sie schwitzte
der **See,** die Seen [M]
selbst
set|zen, er setzte
die **Skiz|ze,** die Skizzen
skiz|zie|ren, er skizzierte
spa|ren, sie sparte
der **Spaß,** die Späße [M]
spät [M]
der **Spa|zier|gang,** die Spaziergänge [↯]
der **Spie|gel,** die Spiegel
spitz [↪]
die **Spit|ze,** die Spitzen
die **Stadt,** die Städte

der **Stamm,** die Stämme ↪ ↯
stark
stär|ken, er stärkte
das **Steu|er,** die Steuer
steu|ern, sie steuerte
der **Stiel,** die Stiele
stim|men, es stimmte
der **Stoff,** die Stoffe ↪
der **Strand,** die Strände ↪ ↯
die **Stra|ße,** die Straßen M
der **Strauß,** die Sträuße M
der **Streit**
strei|ten, sie stritt
der **Strom,** die Ströme
strö|men, es strömte
das **Stück,** die Stücke
der **Stuhl,** die Stühle M
der **Sturm,** die Stürme
stür|misch
süß M
die **Sü|ßig|keit,** die Süßigkeiten M

T t

der **Tag,** die Tage ↪
die **Tan|ne,** die Tannen
tan|zen, sie tanzte
die **Tas|se,** die Tassen
tau|send
das **Ta|xi,** die Taxis M
die **Tech|nik,** die Techniken
der **Tel|ler,** die Teller
die **Tem|pe|ra|tur,** die Temperaturen
der **Text,** die Texte M
das **The|a|ter,** die Theater
das **Ther|mo|me|ter,** die Thermometer M
tief
die **Tie|fe,** die Tiefen
der **Ti|ger,** die Tiger M
trai|nie|ren, er trainierte M
die **Trä|ne,** die Tränen M
der **Traum,** die Träume ↯
träu|men, sie träumte ↯
trau|rig
tref|fen, er traf
treu
tro|cken
trotz|dem

U u

die **Uhr,** die Uhren M
über
über|all
über|que|ren, er überquerte M
um|keh|ren, sie kehrte um M
um|rüh|ren, er rührte um M
un|ge|fähr M
un|ter
der **Un|ter|richt**
der **Ur|laub,** die Urlaube ↪

V v

die **Va|se,** die Vasen M
ver|bie|ten, sie verbot M
ver|brau|chen, er verbrauchte M
ver|bren|nen, es verbrannte M

die **Ver|bren|nung,**
die Verbrennungen M
der **Ver|ein,** die Vereine M
ver|ei|nen, er vereinte M
ver|ges|sen, sie vergaß M
ver|let|zen, er verletzte M
die **Ver|let|zung,** die Verletzungen M
ver|lie|ren, sie verlor M
ver|pa|cken, er verpackte M
die **Ver|pa|ckung,**
die Verpackungen M
ver|ste|hen, sie verstand M
ver|ste|cken, er versteckte M
ver|wech|seln,
sie verwechselte M
viel|leicht M
voll M
voll|stän|dig M
vor|bei M
die **Vor|fahrt** M
die **Vor|sicht** M
vor|sich|tig M

W w

wach|sen, es wuchs M
die **Wahl,** die Wahlen M
wäh|len, er wählte M
wäh|rend M
der **Wald,** die Wälder ↪ ϟ
die **Wand,** die Wände ↪ ϟ
das **Was|ser**
wech|seln, sie wechselte M
we|cken, er weckte
der **We|cker,** die Wecker
Weih|nach|ten
wel|che
die **Welt,** die Welten
wenn
wich|tig
wie
wie|der
wie|gen, sie wog
wild ↪
der **Wind,** die Winde ↪
win|ken, er winkte
wis|sen, sie wusste
woh|nen, er wohnte M

Z z

die **Zahl,** die Zahlen M
zäh|len, er zählte M
der **Zeh,** die Zehen
zeich|nen, sie zeichnete
die **Zeit,** die Zeiten
die **Zei|tung,** die Zeitungen
das **Zeug|nis,** die Zeugnisse ↪
zie|hen, er zog
das **Ziel,** die Ziele
zie|len, sie zielte
zu|frie|den
die **Zu|kunft**
zu|künf|tig
zu|letzt
zu|rück

Einsterns Schwester 3

Themenheft 2
Richtig schreiben

Herausgegeben von: Roland Bauer, Jutta Maurach

Erarbeitet von: Wiebke Gerstenmaier, Sonja Grimm

Fachliche Beratung exekutive Funktionen: Dr. Sabine Kubesch, INSTITUT BILDUNG plus, im Auftrag des ZNL TransferZentrum für Neurowissenschaften und Lernen, Ulm

Begutachtung: Katrin und Peter Bertram (Mühlenbeck), Angelika Fischer (Weiterstadt), Claudia Hoeschen (Kappeln), Ines Kewitz (Rastatt), Sybille Maier-Alvarez del Cid (Achern), Julia Schäfer (Gießen)

Redaktion: Sabine Gerber, Mirjam Löwen

Illustration: Yo Rühmer, Frankfurt am Main

Umschlaggestaltung: Cornelia Gründer, agentur corngreen, Leipzig

Layout und technische Umsetzung: lernsatz.de

fex

fex steht für *Förderung exekutiver Funktionen*. Hierbei werden neueste Erkenntnisse der kognitiven Neurowissenschaft zum spielerischen Training exekutiver Funktionen für die Praxis nutzbar gemacht. **fex** wurde vom **ZNL TransferZentrum für Neurowissenschaften und Lernen** *(www.znl-ulm.de)* an der Universität Ulm gemeinsam mit der **Wehrfritz GmbH** *(www.wehrfritz.com)* ins Leben gerufen. Die Cornelsen Schulverlage haben in Kooperation mit dem ZNL ein Konzept für die Förderung exekutiver Funktionen im Unterrichtswerk *Einsterns Schwester* entwickelt.

www.cornelsen.de

Aus didaktischen Gründen wurden Texte gekürzt/bearbeitet.

1. Auflage, 5. Druck 2021

Alle Drucke dieser Auflage sind inhaltlich unverändert
und können im Unterricht nebeneinander verwendet werden.

ISBN 978-3-06-083569-0 (Themenheft Leihmaterial)
ISBN 978-3-06-084244-5 (E-Book Einsterns Schwester 3 Leihmaterial)

Dieses Heft ist Bestandteil des Pakets „Einsterns Schwester 3“ (ISBN 978-3-06-083567-6)
und kann auch einzeln bestellt werden.

Inhalt gedruckt auf säurefreiem Papier aus nachhaltiger Forstwirtschaft.